# ທ້ອງຟ້າໆ

ໂດຍ: ຟາເຣຍ ອິສລຳ

ຮູບໂດຍ: ຄິມເບິລິ ປາເຊໂກ

Library For All Ltd.

ທ້ອງຟ້າ

ຈັດພິມຄັ້ງທຳອິດໃນປີ 2019. ແປ ແລະ ຈັດພິມໃນ ສປປ ລາວ ປີ 2020.

ຈັດພິມໂດຍ: ອົງການ Library For All
ອີເມວ: info@libraryforall.org
URL: libraryforall.org

ປຶ້ມພາສາລາວເຫຼັ້ມນີ້ ຖຶກສະໜັບສະໜູນໂດຍການຮ່ວມມືຂອງ

ຮູບແຕ້ມຕົ້ນສະບັບໂດຍ ຄິມເບີລິ ປາເຊໂກ

ທ້ອງຟ້າ
ຟາເຣຍ ອິສລຳ
ISBN: 978-9932-09-090-7
SKU00904

ທ້ອງຟ້າໆ

ທ້ອງຟ້າເປັນສີຟ້າ.
ທ້ອງຟ້າມີເມກ.

ເມກສາມາດເປັນສີຂາວ.

ເມກສາມາດເປັນສີດຳ.

ດວງຕາເວັນສ່ອງແສງໃນທ້ອງຟ້າ.

ດວງຕາເວັນຂື້ນທາງທິດຕາເວັນອອກ.

ດວງຕາເວັນຕິກທາງທິດຕາເວັນຕົກ.

ດວງຈັນເປັນສີຂາວ.
ດວງຈັນສ່ອງແສງຍາມກາງຄືນ.

ດວງດາວມີຫຼາຍດວງ.
ດວງດາວສ່ອງແສງຍາມກາງຄືນ.

ຂໍ້ມູນທາງບັນນາບຸກົມຂອງຫໍສະໝຸດແຫ່ງຊາດ

ຟາເຣຍ ອິສລຳ
    ທ້ອງຟ້າ L / ໂດຍ ຟາເຣຍ ອິສລຳ. -- ຄັ້ງທີ2. -- ວຽງຈັນ :
ມັກອານ, 2020
    26 ໜ້າ : ພາບປະກອບສີ ; 21 ຊມ
    1.ວັນນະກຳສຳລັບເດັກ
    I. ຊື່ເລື່ອງ
808.899282 -- dc21
    ISBN  978-9932-09-090-7

# ເຈົ້າສາມາດໃຊ້ຄໍາຖາມດັ່ງລຸ່ມນີ້ເພື່ອສືບທະນາກ່ຽວກັບເລື່ອງທີ່ອ່ານກັບ ຄອບຄົວ, ໝູ່ ແລະ ຄູອາຈານ.

ເຈົ້າໄດ້ຮຽນຮູ້ຫຍັງຈາກເລື່ອງນີ້?

ຈົ່ງອະທິບາຍເລື່ອງນີ້ ໂດຍໃຊ້ຄໍາບັບຍາຍ 1ຄໍາ. ຕະຫຼົກ? ຢ້ານ? ມິສິສັນ? ໜ້າສົນໃຈ?

ເມື່ອອ່ານຈົບແລ້ວ, ເລື່ອງນີ້ໃຫ້ຄວາມຮູ້ສຶກຫຍັງແດ່?

ໃນເລື່ອງນີ້, ເຈົ້າມັກສິ່ງໃດຫຼາຍທີ່ສຸດ?

# ກ່ຽວກັບຜູ້ປະກອບສ່ວນ

Library For All ເຮັດວຽກຮ່ວມມືກັບນັກຂຽນ ແລະ ນັກແຕ້ມ ທົ່ວ ໂລກເພື່ອສ້າງເລື່ອງທີ່ຫຼາກຫຼາຍ, ມີຄຸນນະພາບສູງໃຫ້ກັບຜູ້ ອ່ານໂຕນ້ອຍ. ທຸກຄົນສາມາດເຂົ້າໄປ ເວັບໄຊ libraryforall.org ເພື່ອຮູ້ຂ່າວຫຼ້າສຸດ ກ່ຽວກັບກິດຈະກຳຝຶກອົບຮົມນັກຂຽນ, ຄູ່ມືຕ່າງໆ ແລະ ໂອກາດສ້າງສັນອື່ນໆ.

# ປຶ້ມທຶວນີ້ມ່ອນບໍ?

ພວກເຮົາມີປຶ້ມຫຼາຍຮ້ອຍຫົວໃຫ້ເລືອກອ່ານ.

ພວກເຮົາຮ່ວມມືກັບນັກຂຽນ, ອົງການດ້ານການສຶກສາ, ທ່ີປຶກສາຫາງດ້ານວັດທະນະທຳ, ລັດຖະບານ ແລະ ອົງກອນທ່ີບໍ່ຂຶ້ນກັບລັດຖະບານ ເພ່ືອນຳຄວາມເພີດເພີນ ໃນການ ອ່ານໃຫ້ກັບເດັກນ້ອຍທົ່ວທຸກແຫ່ງ.

# ຮູ້ບໍ?

ພວກເຮົາສ້າງການປ່ຽນແປງທ່ີດີໃນຊົງເຂດນີ້ ໂດຍປະຕິບັດ ເປົ້າໝາຍ ການພັດທະນາແບບຍືນຍົງຂອງສະຫະປະຊາຊາດ.

libraryforall.org